**이상익** 두번째 창작복음성가집

여호와는
나의 성

# 이상익 두번째 창작복음성가집을 내면서

할렐루야

나의 성이요 나의 방패되시는 예수님을 찬양합니다.

오래전 첫번째 복음성가집을 낸 후 차일피일 미루다가
이제 두 번째 찬양집을 내게 되었습니다.
지금껏 인생사 굽이굽이 힘든 역경 속에서도
우리 주님의 보호하심으로
지금에 이르고있는 저 자신을 돌아 보니
더욱 예수님 사랑의 깊이와
넓이를 헤아릴 수 없다는 것을 깨닫게 됩니다.

예수님의 크신 은혜와 사랑을 어찌 이 찬양집으로
모두 보답할 수 있겠습니까만
예수님을 향한 저의 감사의 일편만이라도
이 찬양집에 담아 보았습니다.

믿음의 형제자매들에게 이 작곡집이
하나님을 향하여
유용한 찬양의 멜로디가 되기를 희망해 봅니다.

2024년 2월

# 이 상 익

- 창작복음성가집(공저) 제1집 출간
- 창작복음성가집 제2집 출간
- 이상익창작동요집 출간
- 김주열청소년음악제 심사위원
- 김주열 청소년문화제 심사위원
- YMCA찬양단 단장
- 경남크로마하프연주협회 지휘자
- 서울선민교회 성가대 지휘자
- 서울금호중앙교회 성가대 지휘자
- 마산제1문창교회 성가대 지휘자
- 가야 100인페밀리합창단 자문위원
- 제8회 헨델 〈메시아〉공연 출연(서울 이화여대. 국립오케스트라협연)
- 베토벤교향곡 제9번〈합창〉 출연(창원 성산아트홀, 한·일연합합창)
- 〈한국창작가곡협회〉 작곡의뢰 2021년, 2022년, 2023년 3회 연속
  발표(부산문화예술회관)
- 〈경남의 노래〉 2회연속 가사부분 선정
- 〈진해군항제〉 주제가 가사부문 선정
- 기네스북 등재(세계최대오케스트라단원)

## 정 영 숙

- 시인
- 한국아동문학협회 동요부문 대상 수상
- 한국음악지도자협회 경남지부장
- 한국음악지도자협회 명예 회장
- 경남음악상 수상, 경남기독문화상 수상
- 시집 〈나는 아직도 꿈꾸고 있어요〉
         〈봄이 올 것이다〉
         〈참 신기해요〉 −동시집
- 수필집 〈어머니의 사진〉, 〈어머니만 있다면〉
- 현재 700여 곡 가사(성가, 가곡, 동요 등) 작품

## 이 경 자

- 시인
- 크리스챤문학 시부문 신인상 수상
- 국제크리스챤작가협회 회원
- 경남기독문인협회 회원
- 시집 〈하늘의 향기〉
         〈그 사랑 그리고 싶어라〉
- 제11회 한국크리스챤문학작가대상 본상 수상
- 경남CBS 권사 합창단 단장
- 실버 넷 TV 기자
- CTS 경남방송 여성국장

# 작사자 소개

## 조 동 화

- 시인
- 목사
- 중앙일보, 조선일보, 부산일보 신춘문예로 등단
- 시집 〈낙화암〉
  　　〈처용형님〉
  　　〈나 하나 꽃되어〉
  　　〈우리나라 나비, 새 풀 나무〉 –동시집
  　　〈태초부터 계신 말씀〉 –찬송시집 등 다수
- 중앙시조대상 신인상
- 경북문학상, 통영문학상 등 수상
- 경주문인협회 회장
- 21세기 문예창작아카데미 원장

## 이 상 익

- 시인
- 현, 월간 〈모던포엠〉 이사, 고문
- 현, 경남작가회의 이사, 자문위원
- 경남청소년문학대상 심사위원
- 〈모던포엠〉 시부문 신인상 수상
- 세종문화예술대상 이준열사상 수상
- 시집 〈우리가 물이라도 되어 흐른다면〉
  　　〈더불어가기〉 〈가야장날〉
  　　〈이상익의 시적사유〉 –사유집
  　　〈잃은 자유 얻은 진실〉 –정치 평론집
  　　〈나는 멸종위기 동물이 되기싫다〉 –기후위기
  　　〈혁명의 노래〉 –역서
  　　〈나의 눈물이 나의 노래 되어〉 –역서 외 다수

# 차례

# 갈보리 십자가에 달리시기 전

2023.9.21.(요 17:3)

작사_조동화 | 작곡_이상익

1.갈 보 리 십 자 가 에    달 - 리 시 - 기    전
2.갈 보 리 십 자 가 에    달 - 리 시 - 기    전
3.갈 보 리 십 자 가 에    달 - 리 시 - 기    전

주 님 은 아 버 지 께    기 - 도 하 - 셨 네
주 님 은 아 버 지 께    간 - 구 하 - 셨 네
주 님 은 아 버 지 께    간 - 구 하 - 셨 네

아 버 지 와 아 - 들 을 아 - 는 - 그 일 이    세 상 에 서 제 - 일 -
아 들 에 게 속 - 하 는 모 - 든 - 이 들 을    아 버 지 의 이 름 으 로
그 - 진 리 듣 - - 고 믿 은 우 리 까 지 도    아 버 지 의 이 름 으 로

귀 한 영 생 이 라 고    참 하 - 나 님    참 소 - - 망
지 - 켜 - 달 라 고    참 하 - 나 님    참 소 - - 망
지 - 켜 - 달 라 고

영 원 한 생 명    주 - 예 수 그 리 스 도 오 나 의 구

주

# 갈보리 십자가에 달리시기 전

## 1절
갈보리 십자가에 달리시기 전 주님은 아버지께
기도 하셨네 아버지와 아들을 아는 그 일이 세상에서
제일 귀한 영생이라고

## 2절
갈보리 십자가에 달리시기 전 주님은 아버지께
간구 하셨네 아들에게 속하는 모든 이들을 아버지의
이름으로 지켜달라고

## 3절
갈보리 십자가에 달리시기 전 주님은 아버지께
간구 하셨네 그 진리 듣고 믿은 우리까지도 아버지의
이름으로 지켜달라고

〈후렴〉
참하나님 참소망 영원한 생명 주 예수 그리스도
오 나의 구주

# 감사 찬송 올리세

2021.2.12

작사_이경자 | 작곡_이상익

거 룩한 하늘보라 왕이좌정하셨 - 다

천 군천사 옹위하여 화 답하며춤추 - 네

천 하만민 무릎꿇고 성 삼위하나님 께

소 리높혀 찬 - 양하세 억 만죄와우리허물

용 서하신그분께 셀 수없는그큰사랑 감 사찬송올리세

마 라나 타 마 라나 타 재 림주로오신왕 께

감 사찬양 올리 - 세 감 사찬송 올리 - 세

D.S.% al Fine

# 감사 찬송 올리세

거룩한 하늘 보라 왕이 좌정하셨다
천군천사 옹위하여 화답하며 춤추네
천하만민 무릎 꿇고 성상위 하나님께
소리 높여 찬양하세
억만 죄와 우리 허물 용서하신 그분께
셀수 없는 그 큰 사랑 감사 찬송 올리세
마라나타 마라나타 재림 주로 오신 왕께
감사 찬양 올리세 감사 찬송 올리세

# 고백합니다

2021.3.1

작사_정영숙 | 작곡_이상익

1.주 여 주 - - - 여　이 세 상 거친 파도를 넘으면서
2.주 여 주 - - - 여　이 세 상 사라질 명예 갈구하며

내 능력만 - 의지하고　살 - 아온　지 난 날 저 의 교 만 -
끝 - 없 이 - 우쭐대고　살 - 아온　지 난 날 저 의 무 지 -

과 - 　실 패 를　이 제 사 - 고백합 - 니다 -　주 의 크 신 사 - 랑으
와 - 　헛 됨 을　이 제 자 복 하 며 고 백 합 니 다　주 의 크 신 사 - 랑으

로 용 - 서 - 하 - 소 - 서　용 서 - 하소 서
로 용 - 서 - 하 - 소 - 서　용 서 - 하소 서

poco a poco

주 님 없 이 는 나　아 무 것 도 아 님을　주 님 없 이 는 나　텅 - 빈 손 임 을　나　한 발

mf　f　ff　p

자 욱 도　나　내 - 딛 지 못 함 을　고　백 합 니 다

# 고백합니다

## 1절

주여 주여 이 세상 거친 파도를 넘으면서 내 능력만
의지하고 살아온 지난날 저의 교만과 실패를 이제사
고백합니다 주의 크신 사랑으로 용서 하소서 용서 하소서

## 2절

주여 주여 이 세상 사라질 명예 갈구하며 끝없이 우쭐대고
살아온 지난날 저의 무지와 헛됨을 이제 자복하며
고백합니다 주의 크신 사랑으로 용서 하소서 용서 하소서

### 〈후렴〉

주님 없이는 나 아무것도 아님을
주님 없이는 나 텅 빈 손임을
나 한 발자욱도 나 내 딛지
못함을 고백합니다

# 골고다의 십자가

2021.1.8.(차분하게)

작사_이경자 | 작곡_이상익

1.골 고 - 다 십 자 - 가 나 어 이 잊 으 리
2.골 고 - 다 십 자 - 가 나 어 이 잊 으 리

십 자 가 높 이 달 리 신 예 수 - 님 가 시
조 롱 과 고 초 당 하 신 예 수 - 님 날 위

관 아 래 로 흘 러 내 리 인 핏 자 욱 골 고 - 다
해 참 - 고 참 - 으 셨 - - - 네 골 고 - 다

십 자 - 가 나 어 이 잊 으 리 손 - 발 에 방 울 방 울
십 자 - 가 나 어 이 잊 으 리 만 - 왕 의 왕 예 - 수

흘 러 내 린 - 피 내 - 가 슴 아 리 - 고 아
나 를 구 했 - 네 온 - 인 류 구 하 셨 네 구

려 오 - 네
원 하 셨 네

# 골고다의 십자가

## 1절
골고다 십자가 나 어이 잊으리
십자가 높이 달리신 예수님
가시관 아래로 흘러내리인 핏자국
골고다 십자가 나 어이 잊으리
손발에 방울방울 흘러내린 피
내 가슴 아리고 아려오네

## 2절
골고다 십가자 나 어이 잊으리
조롱과 고초 당하신 예수님
날 위해 참고 참으셨네
골고다 십자가 나 어이 잊으리
만왕의 왕 예수 나를 구했네
온 인류 구하셨네 구원하셨네

# 기도할 때

2020.10.21.

작사_이경자 | 작곡_이상익

# 기도할 때

**1절**
기도할 때 내 영이 맑아
하늘 문이 열림을 보게 하소서
기도할 때 내 영이 맑아
성령님의 임재를 느끼게 하소서

**2절**
기도할 때 내 영이 맑아
하나님의 음성을 듣게 하소서
기도할 때 내영이 맑아
하나님의 나라가 다가옴을 보게 하소서

# 나 아직 이 세상에 오기 전

2023.9.21(요 15:15)

작사_조동화 | 작곡_이상익

1.나 아 직 이 세 상 에 오 기 전 먼 옛 날 - 보 배 피 나 -
2.수 많 은 세 상 친 구 는 내 게 서 떠 났 어 도 영 언 제 나 -
3.하 늘 에 썩 지 않 는 유 업 을 마 련 하 사 영 원 을 -

흘 려 주 신 한 친 구 있 었 네 십 자 가 에 달 - 리 신
동 행 하 는 한 친 구 있 었 네 내 안 에 거 하 - 시 는
함 께 하 실 한 친 구 있 었 네 생 명 의 근 원 - 이 신

예 수 그 리 - 스 - 도 영 - 죽 을 나 를 구 하
예 수 그 리 - 스 - 도 기 쁠 때 도 슬 플 때 에
예 수 그 리 - 스 - 도 끝 없 는 복 - - 나 -

여 생 명 으 로 옮 겼 네
도 항 상 함 께 계 시 네 네
라 같 이 함 께 살 겠 네

# 나 아직 이 세상에 오기 전

### 1절
나 아직 이 세상에 오기 전
먼 옛날 보배 피 흘려주신 한 친구 있었네
십자가에 달리신 예수 그리스도
영 죽을 나를 구하여
생명으로 옮겼네

### 2절
수 많은 세상 친구 내게서
떠났어도 언제나 동행하는 한 친구 있었네
내 안에 거하시는 예수 그리스도
기쁠 때도 슬플 때도
항상 함께 계시네

### 3절
하늘에 썩지 않는 유업을 마련하사
영원을 함께 하실 한 친구 있었네
생명의 근원이신 예수 그리스도
끝없는 복나라
같이 함께 살겠네

# 나에게 오기 전에

2015.2.10

작사 · 작곡_이상익

1.나에게먼저 오기전 형제와악수 하여라
2.형제와두 손 맞잡고 나에게속히 나오라

넌먼저손을 내밀어 형제께가 거라
그러면하나 님께서 잘했다하시 리

비싼제물 보다도 예배와찬-송 보다도

내가원하 는것은 화해하-는 것

나에게먼저 오기전 형제를품어 라

# 나에게 오기 전에

## 1절
나에게 먼저 오기 전
형제와 악수하여라
너 먼저 손을 내밀어
형제께 가거라

## 2절
형제와 두 손 맞잡고
나에게 속히 나오라
그러면 하나님께서
잘했다 하시리

### 〈후렴〉
비싼 제물보다도 예배와 찬송보다도
내가 원하는 것은 화해하는 것
나에게 먼저 오기 전 형제를 품어라

# 나의 모든 것 되시는 주님

2015.8.15

작사 · 작곡_이상익

1.나 에 게 모 든 것 되 는 　 주 예 수 시 라 　 그 사 랑 나 에 게
2.나 에 게 모 든 것 되 는 　 주 예 수 시 라 　 내 일 생 모 든 것

한 없 네 　 넘 치 고 넘 치 네 　 예 수 예 수 나 의 주
다 바 쳐 　 주 예 수 사 랑 해

그 리 스 도 라 　 나 에 게 모 든 것 되 는 　 주 예 수 시

라

# 나의 모든 것 되시는 주님

**1절**
나에게 모든 것 되는 주 예수시라
그 사랑 나에게 한 없네 넘치고 넘치네

**2절**
나에게 모든 것 되는 주 예수시라
내 일생 모든 것 다 바쳐 주 예수 사랑해

**〈후렴〉**
예수 예수 나의 주 그리스도라
나에게 모든 것 되는 주 예수시라

# 내 삶의 주인

2020.10.15

작사_이경자 | 작곡_이상익

주님이 내삶 의주인이십니다 주님이 오
라명령하- 시면 가 시밭-길도 주님
이 가라명령하-시 면 천 - - 리 길도
주님이 나-의 주인이시기에
명령하고 이끄시는대-로 따-를뿐입니다
따-를뿐입니다 주님이 나의삶의
주인이시니 -까요

D.S.%al Fine

# 내 삶의 주인

주님이 내 삶의 주인이십니다
주님이 오라 명령하시면 가시밭길도
주님이 가라 명령하시면 천리 길도
주님이 나의 주인이시기에
명령하고 이끄시는대로 따를 뿐입니다 따를 뿐입니다
주님이 나의 삶의 주인이시니까요

# 내 평생 못잊을 사랑

2015.2.14

작사 · 작곡_이상익

# 내 평생 못잊을 사랑

주 자비하심 내게 크셔라
주님 은총 내게 한없네
주님 축복 내게 내려와
강 같이 흘러 넘치네
그러나 나는 주님 몰랐네
고개 돌려 외면했네
주 사랑 크셔라 한량 없는 사랑
내 평생 못잊을 주의 사랑

# 내 마음은 때때로

20202.11.9(성가곡)

작사_정영숙 | 작곡_이상익

1.내 마음은 때때로 세상미련 남아서 이리저리
2.내 마음은 날마다 주님따라 간다고 약속하고
3.예수 예수 나의주 나를불드 시는주 세상미련

헤매이며 행복찾아 다녔네 저산넘어 산-넘어
또-하고 세상따라 다녔네 바다건너 저-건너
버-리고 주따르게 하소서 예수예수 나-의주

행복열매 있다고 세상친구 날-보고 따라가라
행복등대 있다고 세상친구 날-보고 건너가라
말씀대로 먹이사 천국행복 갖-도록 인도하여

했-도다
했-도다
주-소서

# 내 마음은 때때로

## 1절
내 마음은 때때로 세상 미련 남아서
이리저리 헤매이며 행복 찾아 다녔네
저 산 넘어 산 넘어 행복열매 있다고
세상 친구 날 보고 따라가라 했도다

## 2절
내 마음은 날마다 주님따라 간다고
약속하고 또 하고 세상 따라 다녔네
바다 건너 저 건너 행복등대 있다고
세상 친구 날 보고 건너가라 했도다

## 3절
예수 예수 나의 주 나를 붙드시는 주
세상 미련 버리고 주 따르게 하소서
예수 예수 나의 주 말씀대로 먹이사
천국 행복 갖도록 인도하여 주소서

# 내 영이 맑게 하소서

2021.1.5

작사_이경자 | 작곡_이상익

내 영 이 맑 게 하 소 서 성 령 님 과 함 께 하 도 - 록

내 영 이 성 결 케 - 하 소 서 육 신 의 정 욕 에

빠 - 지 지 않 - 도 - 록 내 영 이 맑 게 하 소 서

죄 악 의 그 늘 이 드 리 우 지 못 - 하 도 록 내 영

이 메 마 르 지 않 - 고 말 - 씀 의 생 - 수 - 에

늘 잠 겨 있 도 록 내 영 이 잠 - 들 지 않 게 하 소 서

구 - 원 의 감 - 격 으 로 감 사 와 찬 - 양 이

멈 추 지 않 - 도 - 록     D.S.% al Fine

# 내 영이 맑게 하소서

내 영이 맑게 하소서
성령님과 함께하도록
내 영이 성결케 하소서
육신의 정욕에 빠지지 않도록
내 영이 맑게 하소서
죄악의 그늘이 드리우지 못하도록
내 영이 메마르지 않고 말씀의 생수에
늘 잠겨있도록 내 영이 잠들지 않게 하소서
구원의 감격으로 감사와 찬양이 멈추지 않도록

# 몸기도 드려라

작사 · 작곡_이상익

1.교회 나와 열심히 기도 했느냐 그러나 우리 주님
2.교회 나와 열심히 찬송 불렀나 그러나 우리 주님
3.교회 나와 열심히 말씀 들었나 그러나 우리 주님

말씀 하시네 교회 나와 기도만 하 - 지 말고
말씀 하시네 교회 나와 찬송만 하 - 지 말고
말씀 하시 네 교회 나와 말씀만 듣 - 지 말고

고 통 속의 형제 들을 찾 - 아 가 라 주님은 내게
고 통 속의 형제 들을 찾 - 아 가 라
고 통 속의 형제 들을 찾 - 아 가 라

묻고 계시 네 형제 위하여 뭐 하였나 내가 너에게 말

하노라 참된 몸 기도드 려 - 라

# 몸기도 드려라

## 1절
교회 나와 열심히 기도했느냐
그러나 우리 주님 말씀하시네
교회 나와 기도만 하지말고
고통 속의 형제들을 찾아가라

## 2절
교회 나와 열심히 찬송 불렀냐
그러나 우리 주님 말씀하시네
교회 나와 찬송만 하지말고
고통 속의 형제들을 찾아가라

## 3절
교회 나와 열심히 말씀 들었나
그러나 우리 주님 말씀하시네
교회 나와 말씀만 듣지말고
고통 속의 형제들을 찾아가라

## 〈후렴〉
주님은 내게 묻고 계시네
형제 위하여 뭐 하였나
내가 너에게 말 하노라
참된 몸 기도 드려라

# 복 되어라

2015.1.22

작사 · 작곡_이상익

복 되어라 주 뜻 쫓는 자 복 되어라
무릎 꿇는 자 복 되어라 주께 오는
자 복 되어라 주를 찾는 자 그
선 함과 그 행함을 내가 따르오 니 주의
자비 내게 오 네 그 크신 은혜라 복
되어라 주를 쫓는 자 복 되어라
주께 오는 자

# 복 되어라

복 되어라 주 뜻 쫓는 자
복 되어라 무릎 꿇는 자
복 되어라 주께 오는 자
복 되어라 주를 찾는 자
그 선함과 그 행함을 내가 따르오니
주의 자비 내게 오네 그 크신 은혜라
복 되어라 주를 쫓는 자
복 되어라 주께 오는 자

# 부끄러운 삶

작사_정영숙 | 작곡_이상익

# 부끄러운 삶

## 1절
지나온 길 돌아보면 부끄럼 뿐이네
하나님의 뜻을 떠나 내 뜻대로 살았네
주님 말씀 듣지 않고 내 뜻대로 살면서
빌라도처럼 그릇된 판단하며
살았네 살았네

## 2절
하나님의 높은 생각 깨닫지 못했네
원하시고 기대하신 뜻을 생각 못했네
나의 생각 나의 뜻이 아무 소용 없음을
이제사 깨달으며 후회하고 있도다
후회하고 있도다

## 3절
주님 앞에 무릎 꿇고 내 죄 자복하니
주여 저를 용서하고 평안 주시옵소서
나의 생각 나의 고집 고치지를 못하고
부끄런 삶 산 것을 용서하여 주옵소서
용서하여 주옵소서

창작복음성가집

# 부활의 팡파레

2021.1.22.

작사_이경자 | 작곡_이상익

1.부 활 우 리 주 - 님 부 활 우 리 주 - 님
2.부 활 우 리 주 - 님 부 활 우 리 주 - 님

위 대 하 신 그 능 - 력 만 민 들 아 찬 양 하
사 망 의 문 잠 그 - 고 생 명 의 문 여 신 주

라 하 늘 천 군 천 - - 사 부 활 의 팡 파 레 -
님 부 활 의 - 첫 열 - 매 되 - 셨 - 네 되 셨

가 천 지 를 - 진 동 하 네 모 든 성 도 화 답 하 는
네 부 활 하 신 주 님 광 채 모 든 만 물 새 옷 입 고

환 - 희 의 승 전 가 가 파 도 처 럼 밀 려 오 - 네 부 활
왕 - 노 롯 하 신 주 님 감 사 찬 송 올 - 리 - 세

우 리 주 - 님 부 활 우 리 주 - 님 주 님 부 활 부 활 하

셨 다

# 부활의 팡파레

## 1절
부활 우리 주님 부활 우리 주님
위대하신 그 능력 만민들아 찬양하라
하늘 천군 천사 부활의 팡파레가 천지를 진동하네
모든 성도 화답하든 환희의 승전가가
파도처럼 밀려오네

## 2절
부활 우리 주님 부활 우리 주님
사망의 문 잠그고 생명의 문 여신 주님
부활의 첫 열매 되셨네 되셨네
부활하신 주님 광채 모든 만물 새 옷 입고
왕 노릇하신 주님 감사찬송을 올리세

## [후렴]
부활 우리 주님
부활 우리 주님
주님 부활 부활하셨다

# 빌라도 관정에서 채찍질 당하실 때

2023.8.29.(요일 2:2)

작사_조동화 | 작곡_이상익

# 빌라도 관정에서 채찍질 당하실 때

**1절**
빌라도 관정에서 채찍질 당하실 때
모두가 받아야 할 고난으로 여겼어도
우리의 죄로 인해 당하신 징계였네
온 세상 화평 위해 그 형벌 받으셨네

**2절**
갈보리 십자가에 못 박혀 달리실 때
한손은 셋째하늘 하나님 손 붙드시고
다른 손 뻗어 우리 손 잡으셨네
마귀에 사로잡힌 우리 구해내셨네

**3절**
심장이 몸 속에서 밀초처럼 녹을 때
모든 뼈 어그러져 온 몸이 쏟아져도
죽음의 고통 끝까지 견디셨네
맡으신 구속 사역 온전히 이루셨네

**[후렴]**
참 사랑 하나님 유일하신 중보자
우리를 아버지와 화해하게 하신 주님

# 사랑이 최고죠

2015.7.29

작사 · 작곡_이상익

1.믿 음 과 소 - 망 이    나 에 게 가 득 해 도
2.오 른 뺨 때 - 리 면    왼 뺨 도 내 놓 아 라
3.몇 번 을 용 서 하 죠?    주 님 이 말 씀 하 네

*Fine*

사 랑 이 나 에 게 없 - 다 면    아 무 런 소 용 없 죠
주 께 서 나 에 게 말 하 시 네    사 랑 이 최 고 라 고
일 곱 번 곱 하 기 일 흔 번 씩    끝 없 이 용 서 하 라

주 께 서 우 리 게 가 르 친 것    네 이 웃 내 몸 같 이

*D.C.*

첫 째 도 사 랑 - 둘 째 도 사 랑  사 랑 이 최 고 죠

# 사랑이 최고죠

**1절**
믿음과 소망이 나에게 가득해도
사랑이 나에게 없다면 아무런 소용없죠

**2절**
오른 뺨 때리면 왼 뺨도 내놓아라
주께서 나에게 말하시네 사랑이 최고라고

**3절**
몇 번을 용서하죠? 주님이 말씀하네
일곱 번 곱하기 일흔번씩 끝없이 용서하라

**[후렴]**
주께서 우리게 가르친 것
네 이웃 내 몸 같이
첫째도 사랑 둘째도 사랑
사랑이 최고죠

# 사망권세 이기시고

2022.4.19.(민요풍으로)

작사_정영숙 | 작곡_이상익

1. 사망 - 권 - 세 - 이기시 - 고 - 부활하 - 신 예 - 수 - 님
2. 예수 - 님 - 의 - 부활하심을 - 믿는자 - - - 들 - 에게는
3. 부활 - 하 - 신 - 예수님 - 은 - 영생복 - 락 선 - 물 - 과

인류역 - 사 흐름 - 속 - 에 으뜸으로남으 시 - 게 - 되셨네
한량없 - 는 즐거 - 움 - 과 기 - 쁨 - 용 기 되 - 셨 - - 네
영원토 - 록 누 - 릴 - - 안 - 식 미 리 준 - 비 - 하셨네

할렐루야할렐루야 할 - 렐루야 부활하 - 신예 - 수 - 님 -
부인하던제자들도 예수부활에 그 - 생 - 명바 - 쳤 - 네 -
구름같은이세상에 미련버리고 저 - 천 - 국봅 - 시 - 다 -

십 자 - 가 - 에 - 달 - 리 - 신 - 예 - - 수 - 님

삼 - 일만 - 에 부 - 활하 - 셨 네 크시도다하나님능력

찬 양 하 - 세 찬 - 양하세 찬 양 하 세 찬 양 - - 하세

# 사망권세 이기시고

## 1절
사망권세 이기시고 부활하신 예수님
인류역사 흐름 속에 으뜸으로 남으시게 되셨네
할렐루야 할렐루야 할렐루야
부활하신 예수님

## 2절
예수님의 부활하심을 믿는 자들에게는
한량 없는 즐거움과 기쁨 용기 되셨네
부인하던 제자들도 예수 부활에 그 생명 바쳤네

## 3절
부활하신 예수님은 영생복락 선물과
영원토록 누릴 안식 미리 준비하셨네
구름 같은 이 세상에 미련 버리고 저 천국 봅시다

## [후렴]
십자가에 달리신 예수님
삼일만에 부활하셨네
크시도다 하나님 능력
찬양하세 찬양하세 찬양하세 찬양하세

# 사순절에

2021.3.11

작사_이경자 | 작곡_이상익

1.달 디 단 - 잠을 벗고 영원을 향 - 한 - 기 대 감으
2.밀 려 오 는 감 - 사 의 물 - 결 은 - 혜 - 강 - 가 에

로 가 녀 린 촛 - 불 밝 - 힌 - 다 잠 자 는
서 벅 - 찬 찬 양 의 꽃 - 물 결 로 골 고 다

내 - 님 의 발 - 자 - 욱 영 당 신 의 발 아 래
그 님 의 발 - 자 - 욱 주 - 님 발 자 욱

놓 는 - 새 - 벽 - 녁 닭 울 음 에 무 릎 꿇 으 면
포 개 어 뒤 따 르 - 며 낮 아 지 고 겸 허 하 - 게

기 - 도 가 오 선 지 에 흐 르 - 다
주 님 가 신 그 길 따 라 살 아 가 고 파

# 사순절에

## 1절
달디 단 잠을 벗고 영원을 향한 기대감으로
가녀린 촛불 밝힌다
잠자는 내 영 당신의 발 아래 놓는
새벽녘 닭 울음에 무릎 꿇으면
기도가 오선지에 흐른다

## 2절
밀려오는 감사의 물결 은혜 강가에서
벅찬 찬양의 꽃물결로
골고다 그 님의 발자국
주님 발자국 포개어 뒤따르며
낮아지고 겸허하게 주님 가신 그 길
따라 살아가고파

# 성경 읽읍시다

2020.12.18

작사_정영숙 | 작곡_이상익

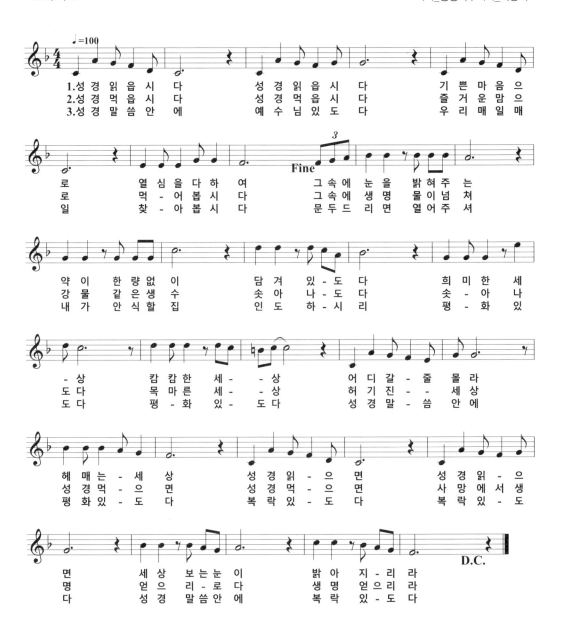

1.성경 읽읍시다 성경 읽읍시다 기쁜 마음으
2.성경 먹읍시다 성경 먹읍시다 즐거운맘으
3.성경 말씀 안에 예수님 있도다 우리 매일 매

로 열심을 다하여 그 속에 눈을 밝혀주는
먹-어봅시다 그 속에 생명 물이넘쳐
일 찾-아봅시다 문 두드리면 열어주셔

약 이 한량없 이 담겨 있-도다 희미한 세
강물 같은생수 솟아 나-도다 솟-아 나
내가 안식할집 인도 하시리 평-화있

-상 캄캄한 세-상 어디갈-줄 몰라
도다 목마른 세--상 허기진--세상
도다 평-화있-도다 성경말-씀 안에

헤매는-세 상 성경읽-으면 성경읽-으
성경먹-으면 성경먹-으면 사망에서생
평화있-도 다 복락있-도 다 복락있-도

면 세상 보는눈 이 밝아 지-리 라
명 세얻으리-로다 생명 얻으리라
다 성경 말씀안에 복락 있-도 다

Fine

D.C.

# 성경 읽읍시다

## 1절
성경 읽읍시다 성경 읽읍시다
기쁜 마음으로 열심을 다하여
그 속에 눈을 밝혀주는 약이
한량 없이 담겨 있도다
희미한 세상 캄캄한 세상 어디갈 줄 몰라 헤매는 세상
성경 읽으면 성경 읽으면
세상 보는 눈이 밝아지리라

## 2절
성경 먹읍시다 성경 먹읍시다
즐거운 맘으로 먹어봅시다
그 속에 생명 물이 넘쳐
강물 같은 생수 솟아나도다 솟아나도다
목마른 세상 허기진 세상
성경 먹으면 성경 먹으면
사망에서 생명 얻으리로다
생명 얻으리라

## 3절
성경 말씀 안에 예수님 있도다
우리 매일 매일 찾아봅시다
문 두드리면 열어주셔 내가 안식할 집
인도하시리 평화 있도다 평화 있도다
성경 말씀 안에 평화 있도다
복락 있도다 복락 있도다
성경 말씀 안에 복락 있도다

# 성령 하나님

2023.9.13.(고전 6:19)　　　　　　　　　　　　　　　　作詞_조동화 | 作曲_이상익

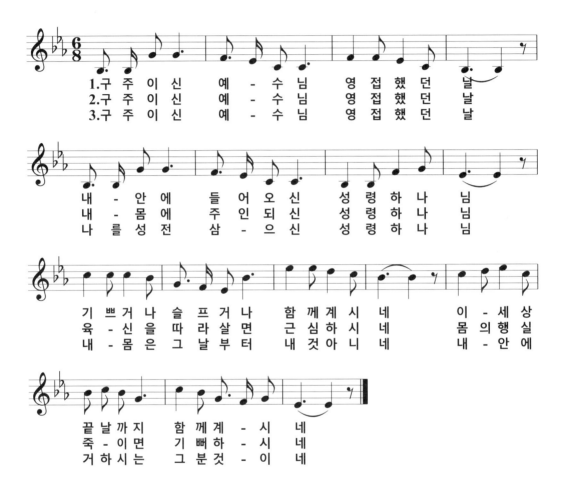

1.구 주 이 신 예 - 수 님 영 접 했 던 날
2.구 주 이 신 예예 - 수 님 영영 접 했 던 날
3.구 주 이 신 예 - 수 님 영 접 했 던 날

내 - 안 에 들 어 오 신 성 령 하 나 님
내 - 몸 에 주 인 되 신 성 령 하 나 님
나 를 성 전 삼 - 으 신 성 령 하 나 님

기 쁘 거 나 슬 프 거 나 함 께 계 시 네 이 - 세 상
육 - 신 을 따 라 살 면 근 심 하 시 네 몸 의 행 실
내 - 몸 은 그 날 부 터 내 것 아 니 네 내 - 안 에

끝 날 까 지 함 께 계 - 시 네
죽 - 이 면 기 뻐 하 - 시 네
거 하 시 는 그 분 것 - 이 네

# 성령 하나님

### 1절
구주이신 예수님 영접했던 날
내 안에 들어오신 성령 하나님
기쁘거나 슬프거나 함께 계시네
이 세상 끝날까지 함께 계시네

### 2절
구주이신 예수님 영접했던 날
내 몸에 주인되신 성령 하나님
육신을 따라 살면 근심하시네
몸의 행실 죽이면 기뻐하시네

### 3절
구주이신 예수님 영접했던 날
나를 성전 삼으신 성령 하나님
내 몸은 그날부터 내 것 아니네
내 안에 거하시는 그분 것이네

# 십자가 사랑

2021.2.12 　　　　　　　　　　　　　　　　　　작사_이경자 | 작곡_이상익

십 자 가　　고 귀 한 그 사 랑　　내 맘　뺏 아 간 사

랑　　십 자 가　　불 타 는 그 사 랑　　생 명 도

버 - 린　사 랑　　　아 - 아 - 그 십 자

가 사 랑　　뜨 거 운 가 슴　　전 - 율 느 끼 며

나 -　그 사 랑　　물 들 어 갑 - 니 다

D.S. al Fine

# 십자가 사랑

십자가 고귀한 그 사랑
내 맘 뺏아간 사랑
십자가 불타는 그 사랑
생명도 버린 사랑
아 아 그 십자가 사랑
뜨거운 가슴 전율 느끼며
나 그 사랑 물들어 갑니다

# 아셀, 주의 축복

2015.7.11 마산YMCA아셀찬양단을 위하여

작사 · 작곡_이상익

주님의축복 우리에게 주님의사랑 우리에게 그대여함께

갑 - 시다 주님의품 - 으 로 주님께서 우리게

말씀하 - 시 네 너희들은 세상향해 크게외쳐라

주님의축복 여 - 기에 충만하다 - 고 아셀아셀

아 - 셀 하나님축복

# 아셀, 주의 축복

주님의 축복 우리에게
주님의 사랑 우리에게
그대여 함께 갑시다
주님의 품으로
주님께서 우리게 말씀하시네
너희들은 세상 향해 크게 외쳐라
주님의 축복 여기에 충만하다고
아셀 아셀 아셀
하나님 축복

# 얼마나 감사 하온지

2021.2.17

작사_이경자 | 작곡_이상익

창 세 전에 나를 택하사   당 신의 자 녀-로  보증
하 시 니얼마 나 감사-하온 지   얼마 나   구 원의감 격-
벅 - 차    당신발 에입맞 춤- 하는새-벽    얼마나   감사
하온지  얼-마--나    허튼길   쓸쓸하고
막-막-할때 고운숨결  따습게   안아   주시
니  얼마나  감-사   하-온-지    내영혼방황
해-도   자애로운눈길로   토닥이시니얼마나 감사-하온
지  얼-마 나얼-마-나

# 얼마나 감사 하온지

창세 전에 나를 택하사
당신의 자녀로 보증하시니
얼마나 감사하온지
얼마나 구원의 감격 벅차
당신 발에 입맞춤 하는 새벽
얼마나 감사하온지
얼마나 허튼 길 쓸쓸하고 막막할 때
고운 숨결 따숩게 안아주시니
얼마나 감사하온지
내 영혼 방황해도 자애로운 눈길로 토닥이시니
얼마나 감사하온지 얼마나 얼마나

# 여호와는 나의 성

2014.9.7

작사 · 작곡_이상익

여 호 와 는 나의 성 이요 나의 방 패 시

라 나 는 주 의 품에 안 기 - 어 편 히 쉬 리

라 옛 - 부터 지금 까 - 지 또 남은 날 까 지

여 호 와 는 나의성 나의 방 패 시

라 감 사 하라 감 - 사 하라 여호와 께

# 여호와는 나의 성

여호와는 나의 성이요
나의 방패시라
나는 주의 품에 안기어 편히 쉬리라
옛부터 지금까지 남은날까지
여호와는 나의 성
나의 방패시라
감사하라 감사하라
여호와께

# 예수님 아니시면

2021.1.21

작사_이경자 | 작곡_이상익

1.예수님아니였-으면 채워지지 않는욕망-따라
2.예수님아니였-으면 세상행복만 찾아다녔-으리

나 방황하-며 헤매였을텐데 예수님아니
나 형제고-통 눈감았-으리 이-제예수

였-으면 얼음송-곳 받-은 상-처 되갚으-며
님-께- 붙잡힌-나 무-릎꿇-고 내맘자리에

참지 못 했을것을 예수님아 니 였으면
나- 주 님모시리 예수님아 니 였으면

으음 예수님아 니 였음은 으음 예수님아

니 였으면 예수님아 니 였으면

# 예수님 아니시면

**1절**
예수님 아니였으면
채워지지 않는 욕망따라
나 방황하며 헤매였을텐데
예수님 아니였으면
얼음 송곳 받은 상처 되갚으며
참지 못했을 것을 예수님 아니였으면

**2절**
예수님 아니였으면
세상 행복만 찾아다녔으리
나 형제 고통 눈 감았으리
이제 예수님께 붙잡힌 나
무릎 꿇고 내 맘자리에
나 주님 모시리
예수님 아니였으면

**[후렴]**
으음 예수님 아니였으면
으음 예수님 아니였으면
예수님 아니였으면

# 예수님이 지고 가신 십자가

2020.9.18

작사_정영숙 작곡_이상익

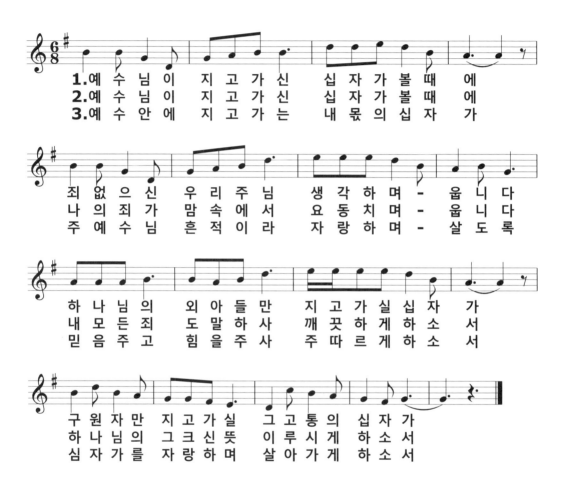

1.예 수 님 이 지 고 가 신 십 자 가 볼 때 에
2.예 수 님 이 지 고 가 신 십 자 가 볼 때 에
3.예 수 안 에 지 고 가 는 내 몫 의 십 자 가

죄 없 으 신 우 리 주 님 생 각 하 며 - 웁 니 다
나 의 죄 가 맘 속 에 서 요 동 치 며 - 웁 니 다
주 예 수 님 흔 적 이 라 자 랑 하 며 - 살 도 록

하 나 님 의 외 아 들 만 지 고 가 실 십 자 가
내 모 든 죄 도 말 하 사 깨 끗 하 게 하 소 서
믿 음 주 고 힘 을 주 사 주 따 르 게 하 소 서

구 원 자 만 지 고 가 실 그 고 통 의 십 자 가
하 나 님 의 그 크 신 뜻 이 루 시 게 하 소 서
십 자 가 를 자 랑 하 며 살 아 가 게 하 소 서

# 예수님이 지고 가신 십자가

## 1절
예수님이 지고 가신 십자가 볼 때에
죄 없으신 우리 주님 생각하며 웁니다
하나님의 외아들만 지고 가실 십자가
구원자만 지고 가실 그 고통의 십자가

## 2절
예수님이 지고 가신 십자가 볼 때에
나의 죄가 맘 속에서 요동치며 웁니다
내 모든 죄도 말하사 깨끗하게 하소서
하나님의 그 크신 뜻 이루시게 하소서

## 3절
예수 안에 지고 가는 내 몫의 십자가
주 예수님 흔적이라 자랑하며 살도록
믿음주고 힘을 주사 주 따르게 하소서
십자가를 자랑하며 살아가게 하소서

# 이 세상 장막에서 아직 살아 숨쉴 때

2023.9.26.(사55:6,7)                                    작사_조동화 | 작곡_이상익

1.이 세상 장막에 서 아직 살아 숨쉴 때 피는 꽃
2.오래전어리석고 분별력이없을 때 모두가
3.지금은하늘보좌 오른편에앉으셔 날마다

가는구름 바라볼수있을 때 하늘과땅과 만--물
어두움과 죄의길에있을때 세상죄제거하--고
죄인들을 중보하고계신 주 홀연히때가되--어

창조하신주하나님 그분이어-디계-신지
다시사신주예수님 참으로복되신그--분
심판주로오시기전 단--하-나문-이신

그대어서찾-으라 주께서아낌없이 구원을베푸시
그대영접했-는가
그분열고들어갔나

리 영생과 좋-은것 넘치도록주-시리

# 이 세상 장막에서 아직 살아 숨 쉴 때

**1절**
이 세상 장막에서 아직 살아 숨 쉴 때
피는 꽃 가는 구름 바라볼 수 있을 때
하늘과 땅과 만물 창조하신 주 하나님
그 분이 어디 계신지 그대 어서 찾으라

**2절**
오래 전 어리석고 분별력이 없을 때
모두가 어두움과 죄의 길에 있을 때
세상 죄 제거하고 다시 사신 주 예수님
참으로 복 되신 그 분 그대 영접했는가

**3절**
지금은 하늘 보좌 오른편에 앉으셔
날마다 죄인들을 중보하고 계신 주
홀연히 때가 되어 심판 주로 오시기 전
단 하나 문이신 그 분 열고 들어갔나

**[후렴]**
주께서 아낌없이 구원을 베푸시리
영생과 좋은 것 넘치도록 주시리

# 이웃을 내 몸같이

작사 · 작곡_이상익

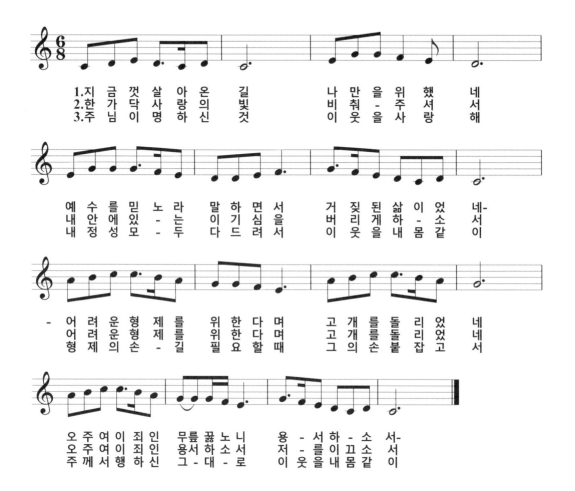

1.지 금 껏 살아온의 길 빛 나 만을 위했 네서
2.한 가 닥 사랑의 길 빛 비춰-주셔 네서
3.주 님이 명하신 것 이웃을 사랑해

예 수를 믿 노라 말하 면서 거 짓된 삶이 었 네-
내 안에 있 노-는 이기 심을 버 리게 하-소 서
내 정 성 모-두 다드 려서 이 웃을 내 몸같 이

- 어 려운 형제 를 위한 다며 고 개를 돌 리었 네
어 어려운 형제 를 위위한 다며 고 개를돌 리었 네네
형제의 손-길 필요할 때 그 의손 붙 잡고 서

오 주여이 죄인 무릎꿇 노니 용 -서하-소 서-
오 주여이 죄인 용서하소서 저 -를이끄 소 서-
주 께서행하신 그 -대-로 이 웃을 내 몸같 이

# 이웃을 내 몸같이

**1절**
지금껏 살아온 길 나만을 위했네
예수를 믿노라 말하면서 거짓된 삶이었네
어려운 형제를 위한다며 고개를 돌리었네
오 주여 이 죄인 무릎 꿇노니 용서하소서

**2절**
한가닥 사랑의 빛 비춰주셔서
내 안에 있는 이기심을 버리게 하소서
어려운 형제를 위한다며 고개를 돌리었네
오 주여 이 죄인 용서하소서 저를 이끄소서

**3절**
주님이 명하신 것 이웃을 사랑해
내 정성 모두 다 드려서 이웃을 내 몸 같이
형제의 손길 필요할 때 그의 손 붙잡고서
주께서 행하신 그대로 이웃을 내 몸 같이

# 인간의 모습 입고 세상까지 오셔서

2023.9.13.(고후 5:19.)

작사_조동화 | 작곡_이상익

♩=90

1.인간의 모습입 고 세상까지 오-셔서 나의죄
2.어느날북적이 는 거-리를 지나갈때 내맘에
3.흑암에묻혀있 는 혼-들을 이겨오라 나또한

제거하신 크신분이계-시네 수많은 사람중에
천둥소리 들-려준사람있네 나라와 나라사이
세상으로 보-내신분이있네 인간의 말이아닌

벌레같은나-위 해 죽-어야 마-땅한죄
파견하는대-사 를 미-천한 나에게까지
왕-의법손에들 려 고-귀한 화해의직분

감당하신주 예 수 밤마다험악하 다 내어찌낙담할
파송하신주 예 수
맡겨주신주 예 수

까 새벽바다 물-결위로 주님다시오시 리

# 인간의 모습 입고 세상까지 오셔서

## 1절
인간의 모습 입고 세상까지 오셔서
나의 죄 제거하신 크신 분이 계시네
수많은 사람 중에 벌레 같은 나 위해
죽어야 마땅한 죄 감당하신 주 예수

## 2절
어느 날 북적이는 거리를 지나갈 때
내 맘에 천둥소리 들려준 사람 있네
나라와 나라 사이 파견하는 대사를
미천한 나에게까지 파송하신 주 예수

## 3절
흑암에 묻혀있는 혼들을 이겨오라
나 또한 세상으로 보내신 분이 있네
인간의 말이 아닌 왕의 법 손에 들려
고귀한 화해의 직분 맡겨주신 주 예수

## [후렴]
밤마다 험악하다 내 어찌 낙담할까
새벽바다 물결 위로 주님 다시오시리

# 좋은 친구 있었네

2023.9.7.(요 15:13)

작사_조동화 | 작곡_이상익

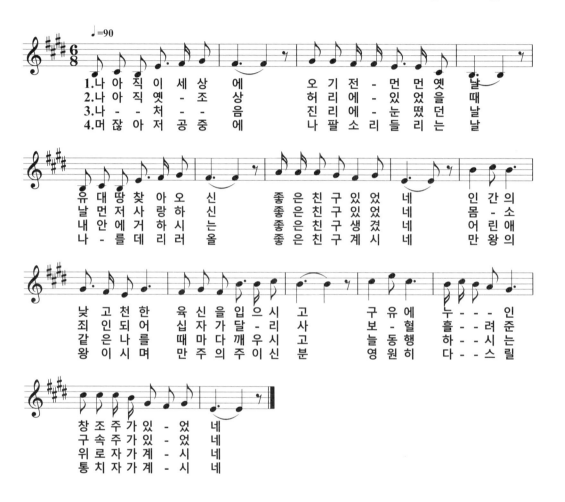

# 좋은 친구 있었네

## 1절
나 아직 이 세상에 오기 전
먼 먼 옛날 유대 땅 찾아오신 좋은 친구 있었네
인간의 낮고 천한 육신을 입으시고
구유에 누인 창조주가 있었네

## 2절
나 아직 옛 조상 허리에 있었을 때
날 먼저 사랑하신 좋은 친구 있었네
몸소 죄인 되어 십자가 달리사
보혈 흘려준 구속주가 있었네

## 3절
나 처음 진리에 눈 떴던 날
내 안에 거하시는 좋은 친구 생겼네
어린 애 같은 나를 때마다 깨우시고
늘 동행하시는 위로자가 계시네

## 4절
머잖아 저 공중에 나팔소리 들리는 날
나를 데리러 올 좋은 친구 계시네
만왕의 왕이시며 만주의 주이신 분
영원히 다스릴 통치자가 계시네

# 주님의 명령

글 · 곡_이상익

# 주님의 명령

## 1절
주님이 내게 말씀하시네
가난한 이웃 섬기라고
그러나 나는 내 것만을 위해
지금껏 살아왔었네

## 2절
주님이 내게 말씀하시네
정의를 위해 살으라고
그러나 나는 고개를 돌려
먼 산만 바라보았네

## 3절
주님이 내게 말씀하시네
이 땅에 평화 세우라고
그러나 나는 다툼만 위해
지금껏 살아왔었네

## [후렴]
오 주님의 음성 들려오네
나 주님의 명령 지키며 살리
주께서 다시 묻고 계시네
나의 명령을 듣고 있냐고

# 큰 유산

2020.10.5

작사_정영숙 | 작곡_이상익

1.할 머 니 니 가 물 려 주 신 신 혜 즐 거 진 운 – 성 찬 경 송 책 가 세 월 십 마 년 다 흘 러 러 가 – 나 보 도 도 고 려 준
2.아 버 지 가 가 물 가 쓰 려 고 치 계 신 신 성 찬 성 송 경 경 책 책 읽 고 쓰 고 부 모 님 – 이 월 십 마 년 다 흘 – 러 가 – 나 보 도 도 고 려 준
3.어 머 머 니 니 가 물 려 주 신 성 경 책 읽 고 을 를 겨 보 며 면 서 – 할 하 예 – 머 나 수 니 만 님 찬 만 드 되 저 양 어 각 보 하 가 고 고 며

새 책 봅 니 다 – – 한 – 구 절 읽 을 때 면 할 – 머 니 만 져 보 고 고
기 신 뽑 기 부 다 습 니 다 한 한 곡 장 씩 씩 넘 겨 기 이 서 예 – 수 니 만 양 생 되 어
신 찬 가 부 부 릅 니 다 한 부 모 님 사 신 길 교 큰 – 교 훈 되 어 가

한 한 한 부 장 절 구 모 씨 절 구 씨 절 모 넘 넘 읽 겨 고 사 읽 신 고 신 볼 겨 어 가 며 나 서 서 이 때 삶 예 아 어 큰 수 버 머 님 – 지 니 님 – 만 나 나 봐 요 요 요 다 할 아 머 버 어 머 니 부 모 니 지 가 님 니 가 가 이 물 려 려 주 고 려 는 신 치 계 신 신 주

# 큰 유산

## 1절
할머니가 물려주신 헤어진 성경책
세월 흘러가도 새 책 봅니다
한 구절 읽을 때면 할머니 만져보고
한 장씩 넘겨볼 때 예수님 만나요
할머니가 물려주는 헤어진 성경책

## 2절
아버지가 가르치신 즐거운 찬송가
수십년 지나도 기쁘게 부릅니다
한 곡씩 부르면서 하나님 찬양하고
한 절씩 넘어가며 아버지 기억나요
아버지가 가르치신 즐거운 찬송가

## 3절
어머니가 쓰고 계신 재밌는 성경책
날마다 엿보고 신기해 웃습니다
한 장씩 넘겨보고 예수님 생각하고
한 구절 읽고나서 어머니 돌아봐요
어머니가 쓰고 계신 재밌는 성경책

## 4절
부모님이 물려주신 성경책
읽고 쓰고 부모님이 물려준 찬송가 부릅니다
부모님 사신 길이 큰 교훈 되어가며
부모님 사신 삶이 큰 유산 됩니다
부모님이 물려주신 생명의 성경책

# 태초에 이 세상의 기초를 놓기전에

2023.8.30.(딤 1:9,10)

작사_조동화 ┃ 작곡_이상익

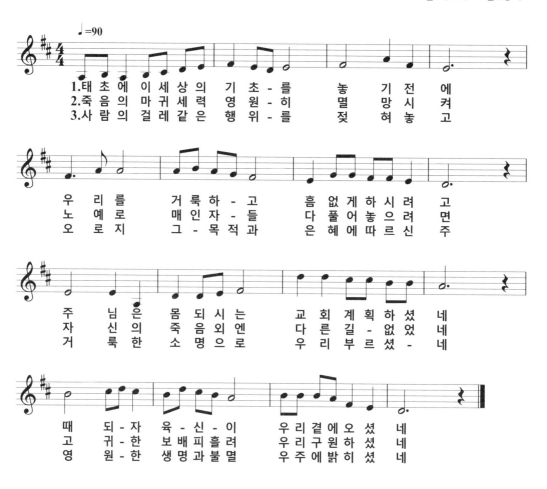

1.태 초 에 이 세 상 의 기 초 를 놓 기 전 에
2.죽 음 의 마 귀 세 력 영 원 히 멸 망 시 켜
3.사 람 의 걸 레 같 은 행 위 를 젖 혀 놓 고

우 리 를 거 룩 하 고 흠 없 게 하 시 려 고
노 예 로 매 인 자 들 다 풀 어 놓 으 려 면
오 로 지 그 목 적 과 은 혜 에 따 르 신 주

주 님 은 몸 되 시 는 교 회 계 획 하 셨 네
자 신 의 죽 음 외 엔 다 른 길 없 었 네
거 룩 한 소 명 으 로 우 리 부 르 셨 네

때 되 자 육 신 이 우 리 곁 에 오 셨 네
고 귀 한 보 배 피 흘 려 우 리 구 원 하 셨 네
영 원 한 생 명 과 불 멸 우 주 에 밝 히 셨 네

# 태초에 이 세상의 기초를 놓기 전에

## 1절
태초에 이 세상의 기초를 놓기 전에
우리를 거룩하고 흠 없게 하시려고
주님은 몸 되시는 교회 계획 하셨네
때 되자 육신이 우리 곁에 오셨네

## 2절
죽음의 마귀 세력 영원히 멸망시켜
노예로 매인 자들 다 풀어놓으려면
자신의 죽음 외엔 다른 길 없었네
고귀한 보배 피 흘려 우리 구원하셨네

## 3절
사람의 걸레 같은 행위를 젖혀놓고
오로지 그 목적과 은혜에 따르신 주
거룩한 소명으로 우리 부르셨네
영원한 생명과 불멸 우주에 밝히셨네

# 평화의 삶

2021.5.25.(성가곡)

작사_정영숙 | 작곡_이상익

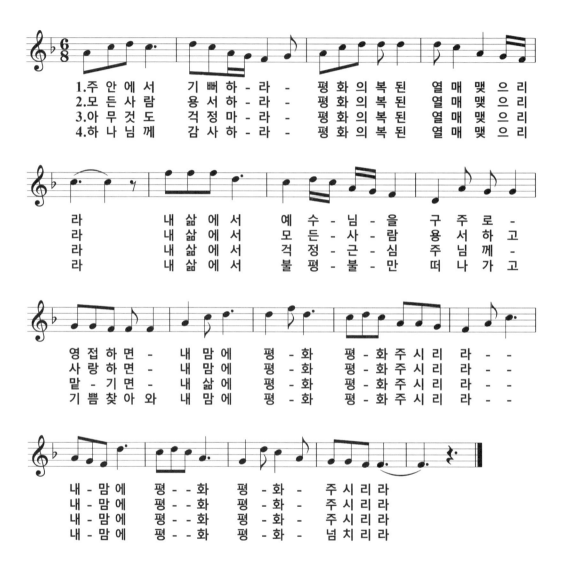

1.주 안에서 기뻐하 - 라 - 평화의 복된 열매 맺으리
2.모 든사람 용서하 - 라 - 평화의 복된 열매 맺으리
3.아 무것도 걱정마 - 라 - 평화의 복된 열매 맺으리
4.하 나님께 감사하 - 라 - 평화의 복된 열매 맺으리

라 내삶에서 예 수 - 님 - 을 구 주 로 -
라 내삶에서 모 든 - 사 - 람 용 서 하 고
라 내삶에서 걱 정 - 근 - 심 주 님 께 -
라 내삶에서 불 평 - 불 - 만 떠 나 가 고

영접하면 - 내 맘에 평 - 화 평 - 화주시리 라 - - -
사랑하면 - 내 맘에 평 - 화 평 - 화주시리 라 - - -
맡 - 기면 - 내 삶에 평 - 화 평 - 화주시리 라 - - -
기 쁨찾아 와 내 맘에 평 - 화 평 - 화주시리 라 - - -

내 - 맘에 평 - - 화 평 - 화 - 주시리라
내 - 맘에 평 - - 화 평 - 화 - 주시리라
내 - 맘에 평 - - 화 평 - 화 - 주시리라
내 - 맘에 평 - - 화 평 - 화 - 넘치리라

# 평화의 삶

## 1절
주 안에서 기뻐하라
평화의 복된 열매 맺으리라
내 삶에서 예수님을 구주로 영접하면
내 맘에 평화 평화 주시리라
내 맘에 평화 평화 주시리라

## 2절
모든 사람 용서하라
평화의 복된 열매 맺으리라
내 삶에서 모든 사람 용서하고 사랑하면
내 맘에 평화 평화 주시리라
내 맘에 평화 평화 주시리라

## 3절
아무 것도 걱정마라
평화의 복된 열매 맺으리라
내 삶에서 걱정 근심 주님께 맡기면
내 삶에 평화 평화 주시리라
내 맘에 평화 평화 주시리라

## 4절
하나님께 감사하라
평화의 복된 열매 맺으리라
내 삶에서 불평 불만 떠나가고 기쁨 찾아와
내 맘에 평화 평화 주시리라
내 맘에 평화 평화 넘치리라

# 평화 주시리라

작사_정영숙 | 작곡_이상익

2021.4.20

# 평화 주시리라

## 1절
주 안에서 기뻐하라
평화의 열매 맺으리라
복된 복된 평화의 열매
내 삶에서 예수님을 구주로 영접하라

## 2절
모든 사람 용서하라
평화의 열매 맺으리라
복된 복된 평화의 열매
내 삶에서 모든 사람 용서하고 용서하라

## 3절
아무 것도 걱정말라
평화의 열매 맺으리라
복된 복된 평화의 열매
내 삶에서 걱정 근심 주님께 맡기리라

## [후렴]
오 오 오 오 내 맘에 평화 주님께서 평화 주시리라

# 하나님 바로 그분이

2023.9.7.(고후4:6)약간 민요풍으로

작사_조동화 | 작곡_이상익

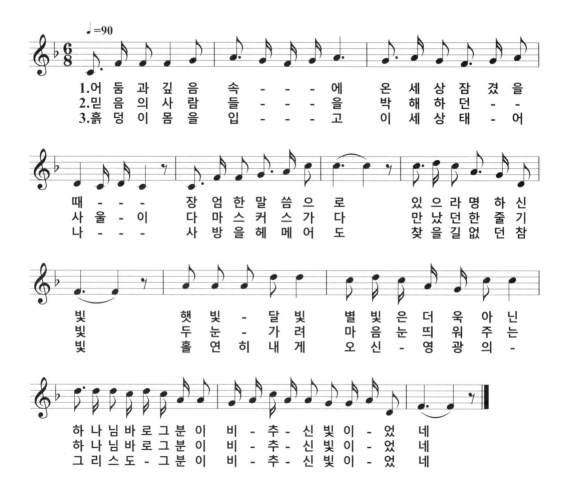

1.어 둠과 깊음 속 - - - - 에 온 세 상 잠 겼 을
2.믿 음의 사람 들 - - - - 을 박 해 하 던 - - -
3.흙 덩이 몸을 입 - - - - 고 이 세 상 태 - 어

때 - - - 장 엄 한 말 씀 으 로 있 으 라 명 하 신
사 울 - 이 다 마 스 커 스 가 다 만 났 던 한 줄 기
나 - - - 사 방 을 헤 메 어 도 찾 을 길 없 던 참

빛 햇 빛 - 달 빛 별 빛 은 더 욱 아 닌
빛 빛 두 눈 - 가 려 마 음 눈 띄 워 주 는
빛 홀 연 히 내 게 오 신 - 영 광 의 -

하 나 님 바 로 그 분 이 비 - 추 - 신 빛 이 - 었 네
하 나 님 바 로 그 분 이 비 - 추 - 신 빛 이 - 었 네
그 리 스 도 - 그 분 이 비 - 추 - 신 빛 이 - 었 네

# 하나님 바로 그분이

### 1절
어둠과 깊음 속에 온 세상 잠겼을 때
장엄한 말씀으로 있으라 명하신 빛
햇빛 달빛 별빛은 더욱 아닌 하나님
바로 그분이 비추신 빛이었네

### 2절
믿음의 사람들을 박해하던 사울이
다마스커스 가다 만났던 한 줄기 빛
두 눈 가려 마음 눈 띄워주는 하나님
바로 그분이 비추신 빛이었네

### 3절
흙덩이 몸을 입고 이 세상 태어나
사방을 헤매어도 찾을 길 없던 참 빛
홀연히 내게 오신 영광의 그리스도
그분이 비추신 빛이었네

창작복음성가집

# 하나님 아들 예수님

2022.4.11

작사_정영숙 | 작곡_이상익

# 하나님 아들 예수님

## 1절
하나님 아들 예수님 십자가 위에서
피 흘려 고통 당하며 운명하셨네
죄 없는 우리 주님 죄 많은 인간이
죄 만들어 십자가 못 박아 죽였네

## 2절
하나님 아들 예수님
십자가 위에서 영혼이 떠난 순간
땅이 진동해 십자가 매단 인간 두려워 떨면서
그는 하나님 아들이라 고백했네

## 3절
하나님 아들 예수님
사랑의 예수님 원수를 사랑하셔서 죄 용서하셨네
그 사랑 새기며 주 따라가면서
형제 자매 내 이웃을 더 사랑합시다


## [후렴]
아 아 아 아 나를 구원하신 예수님
아 아 아 하나님 아들 예수님

# 환란의 밤이 내앞에 와도

2021.5.19

작사_정영숙 | 작곡_이상익

1.환 란 의  밤 - 이 -  내 앞 에 와 도  기 도 로  승 리
2.시 험 이  와 - 도 -  무 서 워 말 고  기 도 로  승 리
3.외 로 움  와 - 도 -  울 지 말 아 라  주 께 서  위 로

하 며  살 - 자  두 려 운 밤 - 이 나 를 감 싸 도
하 며  살 - 자  마 귀 가 나 - 를 죽 이 려 해 도
해 - 주 신 다  거 칠 고 마 - 른 광 야 를 가 도

기 도 로 승 리 하 며 살 - 자  바 울 과 실 라  감 옥 안 에 서
낙 심 치 말 고 기 도 하 - 자  동 방 의 의 인  욥 을 보 아 라
주 께 서 인 도 해 주 신 - 다  반 모 섬 에 서  고 통 을 받 고

기 도 와 찬 양  드 - 릴 - 때  옥 문 이 활 짝  열 - 려 지 고
시 험 을 이 긴  욥 - 보 아 라  물 질 의 축 복  자 손 의 축 복
유 배 중 이 던  요 - 한 불 러  그 리 스 도 의  계 - - - 시

얽 - 매 인 것  모 - 두  풀 렸  네
장 - 수 의 복  받 - 은  욥 - 을
기 - 록 하 라  사 명 주  셨 도  다

# 환란의 밤이 내앞에 와도

### 1절

환란의 밤이 내 앞에 와도 기도로 승리하며 살자
두려운 밤이 나를 감싸도 기도로 승리하며 살자
바울과 실라 감옥 안에서 기도와 찬양 드릴때
옥문이 활짝 열려지고 얽매인 것 모두 풀렸네

### 2절

시험이 와도 무서워 말고 기도로 승리하며 살자
마귀가 나를 죽이려 해도 낙심치 말고 기도하자
동방의 의인 욥을 보아라 시험을 이긴 욥 보아라
물질의 축복 자손의 축복 장수의 복받은 욥을

### 3절

외로움 와도 울지 말아라 주께서 위로 해주신다
거칠고 마른 광야를 가도 주께서 인도해 주신다
반모섬에서 고통을 받고 유배중이던 요한 불러
그리스도의 계시 기록하라 사명 주셨도다

이상익 두번째 창작복음성가집
# 여호와는 나의 성

펴낸날 | 2024년 2월 20일

지은이 | 이상익

펴낸곳 | 도서출판 수우당
주  소 | 51516 창원시 성산구 외동반림로 126번길 50
전  화 | 055-263-7365
이메일 | dlp1482@hanmail.net
출판등록 | 제567-2018-7호(2018.2.12)

ISBN 979-11-91906-29-5-03230

값 7,000원